WHO KNEW?

INTERNET PASSWORD KEEPER

Easy Organization for
WEB ADDRESSES
USERNAMES
PASSWORDS

CASTLE POINT
PUBLISHING

© 2020 Castle Point Publishing

All rights reserved. No portion of this book may be reproduced or transmitted in any form or by any means, electronic or mechanical, including photocopying, recording, and other information storage and retrieval systems, without prior written permission of the publisher.

Castle Point Publishing
www.castlepointpub.com

ISBN: 978-0-9988053-0-6

Printed and bound in the United States of America.

10 9 8 7 6 5 4 3 2 1

NEVER FORGET A PASSWORD AGAIN!

We've all done it: maxed out our attempts at (wrong!) passwords and needed to beg the security gods for reentry. Or maybe it's just a matter of clicking that "forgot password" link and setting a new password (but not the last 10!) every time you try to log back into a website. But now, with *Internet Password Keeper*, you can let go of the panic when you see that empty password field. Put away all those little sticky notes scattered everywhere. You'll clear away your stress and clear your desk and headspace for more important things. Who knew such a little book could bring you such peace of mind?!

Cheers to smoother logins!
Bruce + Jeanne

Did You Know?

* Some of the most common passwords are "password" and "123456." Let's do better!
* The longer and more complex your password is, the harder it is to crack. Try combining multiple unrelated words for a password that's at least 15 characters long. Or think up a sentence and use only the first two letters of each word.
* It's best to mix up symbols and numbers with letters. Cap some random letters too.
* Avoid using a birthday, anniversary, address, city of birth, high school, and family (even pet) name in your passwords. If you need to set answers to security questions, choose ones that can't be learned from your social media accounts.
* It's safest to use unique passwords for everything and change passwords for sensitive accounts often. You have plenty of space to keep track and update in this logbook!
* Managing passwords on paper is endorsed by a number of security experts, including well-known security researcher Bruce Schneier. Paper can't be hacked or erased by technical problems. And because you don't have to worry about choosing passwords that are easy to remember, you can create very random passwords that are more secure. Just keep your logbook in a safe place.

Share your password strategies with us at WhoKnewTips.com or Facebook.com/WhoKnewTips.

Internet service provider _____

Account number _____

Technical support _____

Customer service _____

Wi-fi location _____

Wi-fi network _____

Password _____ Date set _____

_____ Date set _____

Wi-fi location _____

Wi-fi network _____

Password _____ Date set _____

_____ Date set _____

Wi-fi location _____

Wi-fi network _____

Password _____ Date set _____

_____ Date set _____

Email _____

Password _____ Date set _____

_____ Date set _____

_____ Date set _____

Email _____

Password _____ Date set _____

_____ Date set _____

_____ Date set _____

Email _____

Password _____ Date set _____

_____ Date set _____

_____ Date set _____

Email _____

Password _____ Date set _____

_____ Date set _____

_____ Date set _____

Site name _____

Address _____

Login/username _____

Password _____ Date set _____

_____ Date set _____

_____ Date set _____

_____ Date set _____

Notes _____

_____

AB

Site name _____

Address _____

Login/username _____

Password _____ Date set _____

_____ Date set _____

_____ Date set _____

_____ Date set _____

Notes _____

_____

Site name _____

Address _____

Login/username _____

Password _____ Date set _____

_____ Date set _____

_____ Date set _____

_____ Date set _____

Notes _____

_____

AB

Site name _____

Address _____

Login/username _____

Password _____ Date set _____

_____ Date set _____

_____ Date set _____

_____ Date set _____

Notes _____

_____

Site name _____

Address _____

Login/username _____

Password _____ Date set _____

_____ Date set _____

_____ Date set _____

_____ Date set _____

Notes _____

_____

AB

Site name _____

Address _____

Login/username _____

Password _____ Date set _____

_____ Date set _____

_____ Date set _____

_____ Date set _____

Notes _____

_____

Site name _____

Address _____

Login/username _____

Password _____ Date set _____

_____ Date set _____

_____ Date set _____

_____ Date set _____

Notes _____

_____

AB

Site name _____

Address _____

Login/username _____

Password _____ Date set _____

_____ Date set _____

_____ Date set _____

_____ Date set _____

Notes _____

_____

Site name _____

Address _____

Login/username _____

Password _____ Date set _____

_____ Date set _____

_____ Date set _____

_____ Date set _____

Notes _____

_____

AB

Site name _____

Address _____

Login/username _____

Password _____ Date set _____

_____ Date set _____

_____ Date set _____

_____ Date set _____

Notes _____

_____

Site name _____

Address _____

Login/username _____

Password _____ Date set _____

_____ Date set _____

_____ Date set _____

_____ Date set _____

Notes _____

_____

AB

Site name _____

Address _____

Login/username _____

Password _____ Date set _____

_____ Date set _____

_____ Date set _____

_____ Date set _____

Notes _____

_____

Site name _____

Address _____

Login/username _____

Password _____ Date set _____

_____ Date set _____

_____ Date set _____

_____ Date set _____

Notes _____

_____

AB

Site name _____

Address _____

Login/username _____

Password _____ Date set _____

_____ Date set _____

_____ Date set _____

_____ Date set _____

Notes _____

_____

Site name _____

Address _____

Login/username _____

Password _____ Date set _____

_____ Date set _____

_____ Date set _____

_____ Date set _____

Notes _____

_____

AB

Site name _____

Address _____

Login/username _____

Password _____ Date set _____

_____ Date set _____

_____ Date set _____

_____ Date set _____

Notes _____

_____

Site name _____

Address _____

Login/username _____

Password _____ Date set _____

_____ Date set _____

_____ Date set _____

_____ Date set _____

Notes _____
_____

AB

Site name _____

Address _____

Login/username _____

Password _____ Date set _____

_____ Date set _____

_____ Date set _____

_____ Date set _____

Notes _____
_____

Site name _____

Address _____

Login/username _____

Password _____ Date set _____

_____ Date set _____

_____ Date set _____

_____ Date set _____

Notes _____

_____

AB

Site name _____

Address _____

Login/username _____

Password _____ Date set _____

_____ Date set _____

_____ Date set _____

_____ Date set _____

Notes _____

_____

Site name _____

Address _____

Login/username _____

Password _____ Date set _____

_____ Date set _____

_____ Date set _____

_____ Date set _____

Notes _____

_____

AB

Site name _____

Address _____

Login/username _____

Password _____ Date set _____

_____ Date set _____

_____ Date set _____

_____ Date set _____

Notes _____

_____

Site name _____

Address _____

Login/username _____

Password _____ Date set _____

_____ Date set _____

_____ Date set _____

_____ Date set _____

Notes _____

_____

AB

Site name _____

Address _____

Login/username _____

Password _____ Date set _____

_____ Date set _____

_____ Date set _____

_____ Date set _____

Notes _____

_____

Site name _____

Address _____

Login/username _____

Password _____ Date set _____

_____ Date set _____

_____ Date set _____

_____ Date set _____

Notes _____

_____

CD

Site name _____

Address _____

Login/username _____

Password _____ Date set _____

_____ Date set _____

_____ Date set _____

_____ Date set _____

Notes _____

_____

Site name _____

Address _____

Login/username _____

Password _____ Date set _____

_____ Date set _____

_____ Date set _____

_____ Date set _____

Notes _____

_____

CD

Site name _____

Address _____

Login/username _____

Password _____ Date set _____

_____ Date set _____

_____ Date set _____

_____ Date set _____

Notes _____

_____

Site name _____

Address _____

Login/username _____

Password _____ Date set _____

_____ Date set _____

_____ Date set _____

_____ Date set _____

Notes _____

_____

CD

Site name _____

Address _____

Login/username _____

Password _____ Date set _____

_____ Date set _____

_____ Date set _____

_____ Date set _____

Notes _____

_____

Site name _____

Address _____

Login/username _____

Password _____ Date set _____

_____ Date set _____

_____ Date set _____

_____ Date set _____

Notes _____

_____

CD

Site name _____

Address _____

Login/username _____

Password _____ Date set _____

_____ Date set _____

_____ Date set _____

_____ Date set _____

Notes _____

_____

Site name _____

Address _____

Login/username _____

Password _____   Date set _____

_____   Date set _____

_____   Date set _____

_____   Date set _____

Notes _____

_____

CD

Site name _____

Address _____

Login/username _____

Password _____   Date set _____

_____   Date set _____

_____   Date set _____

_____   Date set _____

Notes _____

_____

Site name _____

Address _____

Login/username _____

Password _____ Date set _____

_____ Date set _____

_____ Date set _____

_____ Date set _____

Notes _____
_____

CD

Site name _____

Address _____

Login/username _____

Password _____ Date set _____

_____ Date set _____

_____ Date set _____

_____ Date set _____

Notes _____
_____

Site name _____

Address _____

Login/username _____

Password _____ Date set _____

_____ Date set _____

_____ Date set _____

_____ Date set _____

Notes _____

_____

CD

Site name _____

Address _____

Login/username _____

Password _____ Date set _____

_____ Date set _____

_____ Date set _____

_____ Date set _____

Notes _____

_____

Site name _____

Address _____

Login/username _____

Password _____ Date set _____

_____ Date set _____

_____ Date set _____

_____ Date set _____

Notes _____

_____

CD

Site name _____

Address _____

Login/username _____

Password _____ Date set _____

_____ Date set _____

_____ Date set _____

_____ Date set _____

Notes _____

_____

Site name _____

Address _____

Login/username _____

Password _____ Date set _____

_____ Date set _____

_____ Date set _____

_____ Date set _____

Notes _____

_____

CD

Site name _____

Address _____

Login/username _____

Password _____ Date set _____

_____ Date set _____

_____ Date set _____

_____ Date set _____

Notes _____

_____

Site name _____

Address _____

Login/username _____

Password _____ Date set _____

_____ Date set _____

_____ Date set _____

_____ Date set _____

Notes _____

_____

CD

Site name _____

Address _____

Login/username _____

Password _____ Date set _____

_____ Date set _____

_____ Date set _____

_____ Date set _____

Notes _____

_____

Site name _____

Address _____

Login/username _____

Password _____ Date set _____

_____ Date set _____

_____ Date set _____

_____ Date set _____

Notes _____

_____

CD

Site name _____

Address _____

Login/username _____

Password _____ Date set _____

_____ Date set _____

_____ Date set _____

_____ Date set _____

Notes _____

_____

Site name _____

Address _____

Login/username _____

Password _____ Date set _____

_____ Date set _____

_____ Date set _____

_____ Date set _____

Notes _____
_____

CD

Site name _____

Address _____

Login/username _____

Password _____ Date set _____

_____ Date set _____

_____ Date set _____

_____ Date set _____

Notes _____
_____

Site name _____

Address _____

Login/username _____

Password _____ Date set _____

_____ Date set _____

_____ Date set _____

_____ Date set _____

Notes _____

_____

EF

Site name _____

Address _____

Login/username _____

Password _____ Date set _____

_____ Date set _____

_____ Date set _____

_____ Date set _____

Notes _____

_____

Site name _____

Address _____

Login/username _____

Password _____ Date set _____

_____ Date set _____

_____ Date set _____

_____ Date set _____

Notes _____

_____

EF

Site name _____

Address _____

Login/username _____

Password _____ Date set _____

_____ Date set _____

_____ Date set _____

_____ Date set _____

Notes _____

_____

Site name _____

Address _____

Login/username _____

Password _____ Date set _____

_____ Date set _____

_____ Date set _____

_____ Date set _____

Notes _____

_____

EF

Site name _____

Address _____

Login/username _____

Password _____ Date set _____

_____ Date set _____

_____ Date set _____

_____ Date set _____

Notes _____

_____

Site name _____

Address _____

Login/username _____

Password _____ Date set _____

_____ Date set _____

_____ Date set _____

_____ Date set _____

Notes _____

_____

EF

Site name _____

Address _____

Login/username _____

Password _____ Date set _____

_____ Date set _____

_____ Date set _____

_____ Date set _____

Notes _____

_____

Site name _____

Address _____

Login/username _____

Password _____ Date set _____

_____ Date set _____

_____ Date set _____

_____ Date set _____

Notes _____

_____

EF

Site name _____

Address _____

Login/username _____

Password _____ Date set _____

_____ Date set _____

_____ Date set _____

_____ Date set _____

Notes _____

_____

Site name _____

Address _____

Login/username _____

Password _____ Date set _____

_____ Date set _____

_____ Date set _____

_____ Date set _____

Notes _____

_____

EF

Site name _____

Address _____

Login/username _____

Password _____ Date set _____

_____ Date set _____

_____ Date set _____

_____ Date set _____

Notes _____

_____

Site name _____

Address _____

Login/username _____

Password _____ Date set _____

_____ Date set _____

_____ Date set _____

_____ Date set _____

Notes _____

_____

EF

Site name _____

Address _____

Login/username _____

Password _____ Date set _____

_____ Date set _____

_____ Date set _____

_____ Date set _____

Notes _____

_____

Site name _____

Address _____

Login/username _____

Password _____ Date set _____

_____ Date set _____

_____ Date set _____

_____ Date set _____

Notes _____

_____

EF

Site name _____

Address _____

Login/username _____

Password _____ Date set _____

_____ Date set _____

_____ Date set _____

_____ Date set _____

Notes _____

_____

Site name _____

Address _____

Login/username _____

Password _____ Date set _____

_____ Date set _____

_____ Date set _____

_____ Date set _____

Notes _____

_____

EF

Site name _____

Address _____

Login/username _____

Password _____ Date set _____

_____ Date set _____

_____ Date set _____

_____ Date set _____

Notes _____

_____

Site name _____

Address _____

Login/username _____

Password _____ Date set _____

_____ Date set _____

_____ Date set _____

_____ Date set _____

Notes _____

_____

EF

Site name _____

Address _____

Login/username _____

Password _____ Date set _____

_____ Date set _____

_____ Date set _____

_____ Date set _____

Notes _____

_____

Site name _____

Address _____

Login/username _____

Password _____ Date set _____

_____ Date set _____

_____ Date set _____

_____ Date set _____

Notes _____

_____

EF

Site name _____

Address _____

Login/username _____

Password _____ Date set _____

_____ Date set _____

_____ Date set _____

_____ Date set _____

Notes _____

_____

Site name _____

Address _____

Login/username _____

Password _____ Date set _____

_____ Date set _____

_____ Date set _____

_____ Date set _____

Notes _____

_____

EF

Site name _____

Address _____

Login/username _____

Password _____ Date set _____

_____ Date set _____

_____ Date set _____

_____ Date set _____

Notes _____

_____

Site name _____

Address _____

Login/username _____

Password _____ Date set _____

_____ Date set _____

_____ Date set _____

_____ Date set _____

Notes _____
_____

GH

Site name _____

Address _____

Login/username _____

Password _____ Date set _____

_____ Date set _____

_____ Date set _____

_____ Date set _____

Notes _____
_____

Site name _____

Address _____

Login/username _____

Password _____ Date set _____

_____ Date set _____

_____ Date set _____

_____ Date set _____

Notes _____

_____

GH

Site name _____

Address _____

Login/username _____

Password _____ Date set _____

_____ Date set _____

_____ Date set _____

_____ Date set _____

Notes _____

_____

Site name _____

Address _____

Login/username _____

Password _____ Date set _____

_____ Date set _____

_____ Date set _____

_____ Date set _____

Notes _____

_____

GH

Site name _____

Address _____

Login/username _____

Password _____ Date set _____

_____ Date set _____

_____ Date set _____

_____ Date set _____

Notes _____

_____

Site name _____

Address _____

Login/username _____

Password _____ Date set _____

_____ Date set _____

_____ Date set _____

_____ Date set _____

Notes _____
_____

GH

Site name _____

Address _____

Login/username _____

Password _____ Date set _____

_____ Date set _____

_____ Date set _____

_____ Date set _____

Notes _____
_____

Site name _____

Address _____

Login/username _____

Password _____ Date set _____

_____ Date set _____

_____ Date set _____

_____ Date set _____

Notes _____

_____

GH

Site name _____

Address _____

Login/username _____

Password _____ Date set _____

_____ Date set _____

_____ Date set _____

_____ Date set _____

Notes _____

_____

Site name _____

Address _____

Login/username _____

Password _____ Date set _____

_____ Date set _____

_____ Date set _____

_____ Date set _____

Notes _____

_____

GH

Site name _____

Address _____

Login/username _____

Password _____ Date set _____

_____ Date set _____

_____ Date set _____

_____ Date set _____

Notes _____

_____

Site name _____

Address _____

Login/username _____

Password _____   Date set _____

_____   Date set _____

_____   Date set _____

_____   Date set _____

Notes _____

_____

GH

Site name _____

Address _____

Login/username _____

Password _____   Date set _____

_____   Date set _____

_____   Date set _____

_____   Date set _____

Notes _____

_____

Site name _____

Address _____

Login/username _____

Password _____ Date set _____

_____ Date set _____

_____ Date set _____

_____ Date set _____

Notes _____

_____

GH

Site name _____

Address _____

Login/username _____

Password _____ Date set _____

_____ Date set _____

_____ Date set _____

_____ Date set _____

Notes _____

_____

Site name _____

Address _____

Login/username _____

Password _____ Date set _____

_____ Date set _____

_____ Date set _____

_____ Date set _____

Notes _____

_____

GH

Site name _____

Address _____

Login/username _____

Password _____ Date set _____

_____ Date set _____

_____ Date set _____

_____ Date set _____

Notes _____

_____

Site name _____

Address _____

Login/username _____

Password _____ Date set _____

_____ Date set _____

_____ Date set _____

_____ Date set _____

Notes _____

_____

GH

Site name _____

Address _____

Login/username _____

Password _____ Date set _____

_____ Date set _____

_____ Date set _____

_____ Date set _____

Notes _____

_____

Site name _____

Address _____

Login/username _____

Password _____ Date set _____

_____ Date set _____

_____ Date set _____

_____ Date set _____

Notes _____

_____

GH

Site name _____

Address _____

Login/username _____

Password _____ Date set _____

_____ Date set _____

_____ Date set _____

_____ Date set _____

Notes _____

_____

Site name _____

Address _____

Login/username _____

Password _____ Date set _____

_____ Date set _____

_____ Date set _____

_____ Date set _____

Notes _____

_____

GH

Site name _____

Address _____

Login/username _____

Password _____ Date set _____

_____ Date set _____

_____ Date set _____

_____ Date set _____

Notes _____

_____

Site name _____

Address _____

Login/username _____

Password _____ Date set _____

_____ Date set _____

_____ Date set _____

_____ Date set _____

Notes _____

_____

IJ

Site name _____

Address _____

Login/username _____

Password _____ Date set _____

_____ Date set _____

_____ Date set _____

_____ Date set _____

Notes _____

_____

Site name _____

Address _____

Login/username _____

Password _____ Date set _____

_____ Date set _____

_____ Date set _____

_____ Date set _____

Notes _____

_____

· IJ

Site name _____

Address _____

Login/username _____

Password _____ Date set _____

_____ Date set _____

_____ Date set _____

_____ Date set _____

Notes _____

_____

Site name _____

Address _____

Login/username _____

Password _____   Date set _____

_____   Date set _____

_____   Date set _____

_____   Date set _____

Notes _____
_____

IJ

Site name _____

Address _____

Login/username _____

Password _____   Date set _____

_____   Date set _____

_____   Date set _____

_____   Date set _____

Notes _____
_____

Site name _____

Address _____

Login/username _____

Password _____ Date set _____

_____ Date set _____

_____ Date set _____

_____ Date set _____

Notes _____

_____

IJ

Site name _____

Address _____

Login/username _____

Password _____ Date set _____

_____ Date set _____

_____ Date set _____

_____ Date set _____

Notes _____

_____

Site name _____

Address _____

Login/username _____

Password _____ Date set _____

_____ Date set _____

_____ Date set _____

_____ Date set _____

Notes _____
_____

IJ

Site name _____

Address _____

Login/username _____

Password _____ Date set _____

_____ Date set _____

_____ Date set _____

_____ Date set _____

Notes _____
_____

Site name _____

Address _____

Login/username _____

Password _____ Date set _____

_____ Date set _____

_____ Date set _____

_____ Date set _____

Notes _____

_____

IJ

Site name _____

Address _____

Login/username _____

Password _____ Date set _____

_____ Date set _____

_____ Date set _____

_____ Date set _____

Notes _____

_____

Site name _____

Address _____

Login/username _____

Password _____ Date set _____

_____ Date set _____

_____ Date set _____

_____ Date set _____

Notes _____

_____

IJ

Site name _____

Address _____

Login/username _____

Password _____ Date set _____

_____ Date set _____

_____ Date set _____

_____ Date set _____

Notes _____

_____

Site name _____

Address _____

Login/username _____

Password _____ Date set _____

_____ Date set _____

_____ Date set _____

_____ Date set _____

Notes _____

_____

IJ

Site name _____

Address _____

Login/username _____

Password _____ Date set _____

_____ Date set _____

_____ Date set _____

_____ Date set _____

Notes _____

_____

Site name _____

Address _____

Login/username _____

Password _____ Date set _____

_____ Date set _____

_____ Date set _____

_____ Date set _____

Notes _____

_____

IJ

Site name _____

Address _____

Login/username _____

Password _____ Date set _____

_____ Date set _____

_____ Date set _____

_____ Date set _____

Notes _____

_____

Site name _____

Address _____

Login/username _____

Password _____ Date set _____

_____ Date set _____

_____ Date set _____

_____ Date set _____

Notes _____

_____

IJ

Site name _____

Address _____

Login/username _____

Password _____ Date set _____

_____ Date set _____

_____ Date set _____

_____ Date set _____

Notes _____

_____

Site name _____

Address _____

Login/username _____

Password _____ Date set _____

_____ Date set _____

_____ Date set _____

_____ Date set _____

Notes _____

_____

I J

Site name _____

Address _____

Login/username _____

Password _____ Date set _____

_____ Date set _____

_____ Date set _____

_____ Date set _____

Notes _____

_____

Site name _____

Address _____

Login/username _____

Password _____ Date set _____

_____ Date set _____

_____ Date set _____

_____ Date set _____

Notes _____

_____

I J

Site name _____

Address _____

Login/username _____

Password _____ Date set _____

_____ Date set _____

_____ Date set _____

_____ Date set _____

Notes _____

_____

Site name _____

Address _____

Login/username _____

Password _____ Date set _____

_____ Date set _____

_____ Date set _____

_____ Date set _____

Notes _____

_____

KL

Site name _____

Address _____

Login/username _____

Password _____ Date set _____

_____ Date set _____

_____ Date set _____

_____ Date set _____

Notes _____

_____

Site name _____

Address _____

Login/username _____

Password _____ Date set _____

_____ Date set _____

_____ Date set _____

_____ Date set _____

Notes _____

_____

KL

Site name _____

Address _____

Login/username _____

Password _____ Date set _____

_____ Date set _____

_____ Date set _____

_____ Date set _____

Notes _____

_____

Site name _____

Address _____

Login/username _____

Password _____ Date set _____

_____ Date set _____

_____ Date set _____

_____ Date set _____

Notes _____

_____

KL

Site name _____

Address _____

Login/username _____

Password _____ Date set _____

_____ Date set _____

_____ Date set _____

_____ Date set _____

Notes _____

_____

Site name _____

Address _____

Login/username _____

Password _____ Date set _____

_____ Date set _____

_____ Date set _____

_____ Date set _____

Notes _____

_____

KL

Site name _____

Address _____

Login/username _____

Password _____ Date set _____

_____ Date set _____

_____ Date set _____

_____ Date set _____

Notes _____

_____

Site name _____

Address _____

Login/username _____

Password _____ Date set _____

_____ Date set _____

_____ Date set _____

_____ Date set _____

Notes _____

_____

KL

Site name _____

Address _____

Login/username _____

Password _____ Date set _____

_____ Date set _____

_____ Date set _____

_____ Date set _____

Notes _____

_____

Site name _____

Address _____

Login/username _____

Password _____ Date set _____

_____ Date set _____

_____ Date set _____

_____ Date set _____

Notes _____

_____

KL

Site name _____

Address _____

Login/username _____

Password _____ Date set _____

_____ Date set _____

_____ Date set _____

_____ Date set _____

Notes _____

_____

Site name _____

Address _____

Login/username _____

Password _____ Date set _____

_____ Date set _____

_____ Date set _____

_____ Date set _____

Notes _____

_____

KL

Site name _____

Address _____

Login/username _____

Password _____ Date set _____

_____ Date set _____

_____ Date set _____

_____ Date set _____

Notes _____

_____

Site name _____

Address _____

Login/username _____

Password _____ Date set _____

_____ Date set _____

_____ Date set _____

_____ Date set _____

Notes _____

_____

KL

Site name _____

Address _____

Login/username _____

Password _____ Date set _____

_____ Date set _____

_____ Date set _____

_____ Date set _____

Notes _____

_____

Site name _____

Address _____

Login/username _____

Password _____ Date set _____

_____ Date set _____

_____ Date set _____

_____ Date set _____

Notes _____

_____

KL

Site name _____

Address _____

Login/username _____

Password _____ Date set _____

_____ Date set _____

_____ Date set _____

_____ Date set _____

Notes _____

_____

Site name _____

Address _____

Login/username _____

Password _____ Date set _____

_____ Date set _____

_____ Date set _____

_____ Date set _____

Notes _____

_____

KL

Site name _____

Address _____

Login/username _____

Password _____ Date set _____

_____ Date set _____

_____ Date set _____

_____ Date set _____

Notes _____

_____

Site name _____

Address _____

Login/username _____

Password _____ Date set _____

_____ Date set _____

_____ Date set _____

_____ Date set _____

Notes _____
_____

KL

Site name _____

Address _____

Login/username _____

Password _____ Date set _____

_____ Date set _____

_____ Date set _____

_____ Date set _____

Notes _____
_____

Site name _____

Address _____

Login/username _____

Password _____ Date set _____

_____ Date set _____

_____ Date set _____

_____ Date set _____

Notes _____

_____

KL

Site name _____

Address _____

Login/username _____

Password _____ Date set _____

_____ Date set _____

_____ Date set _____

_____ Date set _____

Notes _____

_____

Site name _____

Address _____

Login/username _____

Password _____ Date set _____

_____ Date set _____

_____ Date set _____

_____ Date set _____

Notes _____
_____

MN

Site name _____

Address _____

Login/username _____

Password _____ Date set _____

_____ Date set _____

_____ Date set _____

_____ Date set _____

Notes _____
_____

Site name _____

Address _____

Login/username _____

Password _____ Date set _____

_____ Date set _____

_____ Date set _____

_____ Date set _____

Notes _____

_____

MN

Site name _____

Address _____

Login/username _____

Password _____ Date set _____

_____ Date set _____

_____ Date set _____

_____ Date set _____

Notes _____

_____

Site name _____

Address _____

Login/username _____

Password _____ Date set _____

_____ Date set _____

_____ Date set _____

_____ Date set _____

Notes _____
_____

MN

Site name _____

Address _____

Login/username _____

Password _____ Date set _____

_____ Date set _____

_____ Date set _____

_____ Date set _____

Notes _____
_____

Site name _____

Address _____

Login/username _____

Password _____ Date set _____

_____ Date set _____

_____ Date set _____

_____ Date set _____

Notes _____

_____

MN

Site name _____

Address _____

Login/username _____

Password _____ Date set _____

_____ Date set _____

_____ Date set _____

_____ Date set _____

Notes _____

_____

Site name _____

Address _____

Login/username _____

Password _____ Date set _____

_____ Date set _____

_____ Date set _____

_____ Date set _____

Notes _____

_____

MN

Site name _____

Address _____

Login/username _____

Password _____ Date set _____

_____ Date set _____

_____ Date set _____

_____ Date set _____

Notes _____

_____

Site name _____

Address _____

Login/username _____

Password _____ Date set _____

_____ Date set _____

_____ Date set _____

_____ Date set _____

Notes _____

_____

MN

Site name _____

Address _____

Login/username _____

Password _____ Date set _____

_____ Date set _____

_____ Date set _____

_____ Date set _____

Notes _____

_____

Site name _____

Address _____

Login/username _____

Password _____ Date set _____

_____ Date set _____

_____ Date set _____

_____ Date set _____

Notes _____
_____

MN

Site name _____

Address _____

Login/username _____

Password _____ Date set _____

_____ Date set _____

_____ Date set _____

_____ Date set _____

Notes _____
_____

Site name _____

Address _____

Login/username _____

Password _____ Date set _____

_____ Date set _____

_____ Date set _____

_____ Date set _____

Notes _____

_____

MN

Site name _____

Address _____

Login/username _____

Password _____ Date set _____

_____ Date set _____

_____ Date set _____

_____ Date set _____

Notes _____

_____

Site name _____

Address _____

Login/username _____

Password _____ Date set _____

_____ Date set _____

_____ Date set _____

_____ Date set _____

Notes _____

_____

MN

Site name _____

Address _____

Login/username _____

Password _____ Date set _____

_____ Date set _____

_____ Date set _____

_____ Date set _____

Notes _____

_____

Site name _____

Address _____

Login/username _____

Password _____ Date set _____

_____ Date set _____

_____ Date set _____

_____ Date set _____

Notes _____

_____

MN

Site name _____

Address _____

Login/username _____

Password _____ Date set _____

_____ Date set _____

_____ Date set _____

_____ Date set _____

Notes _____

_____

Site name _____

Address _____

Login/username _____

Password _____ Date set _____

_____ Date set _____

_____ Date set _____

_____ Date set _____

Notes _____

_____

MN

Site name _____

Address _____

Login/username _____

Password _____ Date set _____

_____ Date set _____

_____ Date set _____

_____ Date set _____

Notes _____

_____

Site name _____

Address _____

Login/username _____

Password _____ Date set _____

_____ Date set _____

_____ Date set _____

_____ Date set _____

Notes _____

_____

MN

Site name _____

Address _____

Login/username _____

Password _____ Date set _____

_____ Date set _____

_____ Date set _____

_____ Date set _____

Notes _____

_____

Site name _____

Address _____

Login/username _____

Password _____ Date set _____

_____ Date set _____

_____ Date set _____

_____ Date set _____

Notes _____

_____

OP

Site name _____

Address _____

Login/username _____

Password _____ Date set _____

_____ Date set _____

_____ Date set _____

_____ Date set _____

Notes _____

_____

Site name _____

Address _____

Login/username _____

Password _____ Date set _____

_____ Date set _____

_____ Date set _____

_____ Date set _____

Notes _____

_____

OP

Site name _____

Address _____

Login/username _____

Password _____ Date set _____

_____ Date set _____

_____ Date set _____

_____ Date set _____

Notes _____

_____

Site name _____

Address _____

Login/username _____

Password _____ Date set _____

_____ Date set _____

_____ Date set _____

_____ Date set _____

Notes _____

_____

OP

Site name _____

Address _____

Login/username _____

Password _____ Date set _____

_____ Date set _____

_____ Date set _____

_____ Date set _____

Notes _____

_____

Site name _____

Address _____

Login/username _____

Password _____ Date set _____

_____ Date set _____

_____ Date set _____

_____ Date set _____

Notes _____

_____

OP

Site name _____

Address _____

Login/username _____

Password _____ Date set _____

_____ Date set _____

_____ Date set _____

_____ Date set _____

Notes _____

_____

Site name _____

Address _____

Login/username _____

Password _____ Date set _____

_____ Date set _____

_____ Date set _____

_____ Date set _____

Notes _____

_____

OP

Site name _____

Address _____

Login/username _____

Password _____ Date set _____

_____ Date set _____

_____ Date set _____

_____ Date set _____

Notes _____

_____

Site name _____

Address _____

Login/username _____

Password _____ Date set _____

_____ Date set _____

_____ Date set _____

_____ Date set _____

Notes _____

_____

OP

Site name _____

Address _____

Login/username _____

Password _____ Date set _____

_____ Date set _____

_____ Date set _____

_____ Date set _____

Notes _____

_____

Site name _____

Address _____

Login/username _____

Password _____ Date set _____

_____ Date set _____

_____ Date set _____

_____ Date set _____

Notes _____

_____

OP

Site name _____

Address _____

Login/username _____

Password _____ Date set _____

_____ Date set _____

_____ Date set _____

_____ Date set _____

Notes _____

_____

Site name _____

Address _____

Login/username _____

Password _____ Date set _____

_____ Date set _____

_____ Date set _____

_____ Date set _____

Notes _____

_____

OP

Site name _____

Address _____

Login/username _____

Password _____ Date set _____

_____ Date set _____

_____ Date set _____

_____ Date set _____

Notes _____

_____

Site name _____

Address _____

Login/username _____

Password _____ Date set _____

_____ Date set _____

_____ Date set _____

_____ Date set _____

Notes _____

_____

OP

Site name _____

Address _____

Login/username _____

Password _____ Date set _____

_____ Date set _____

_____ Date set _____

_____ Date set _____

Notes _____

_____

Site name _____

Address _____

Login/username _____

Password _____ Date set _____

_____ Date set _____

_____ Date set _____

_____ Date set _____

Notes _____

_____

OP

Site name _____

Address _____

Login/username _____

Password _____ Date set _____

_____ Date set _____

_____ Date set _____

_____ Date set _____

Notes _____

_____

Site name _____

Address _____

Login/username _____

Password _____ Date set _____

_____ Date set _____

_____ Date set _____

_____ Date set _____

Notes _____

_____

OP

Site name _____

Address _____

Login/username _____

Password _____ Date set _____

_____ Date set _____

_____ Date set _____

_____ Date set _____

Notes _____

_____

Site name _____

Address _____

Login/username _____

Password _____ Date set _____

_____ Date set _____

_____ Date set _____

_____ Date set _____

Notes _____

_____

OP

Site name _____

Address _____

Login/username _____

Password _____ Date set _____

_____ Date set _____

_____ Date set _____

_____ Date set _____

Notes _____

_____

Site name _____

Address _____

Login/username _____

Password _____ Date set _____

_____ Date set _____

_____ Date set _____

_____ Date set _____

Notes _____

_____

QR

Site name _____

Address _____

Login/username _____

Password _____ Date set _____

_____ Date set _____

_____ Date set _____

_____ Date set _____

Notes _____

_____

Site name _____

Address _____

Login/username _____

Password _____ Date set _____

_____ Date set _____

_____ Date set _____

_____ Date set _____

Notes _____

_____

QR

Site name _____

Address _____

Login/username _____

Password _____ Date set _____

_____ Date set _____

_____ Date set _____

_____ Date set _____

Notes _____

_____

Site name _____

Address _____

Login/username _____

Password _____ Date set _____

_____ Date set _____

_____ Date set _____

_____ Date set _____

Notes _____

_____

QR

Site name _____

Address _____

Login/username _____

Password _____ Date set _____

_____ Date set _____

_____ Date set _____

_____ Date set _____

Notes _____

_____

Site name _____

Address _____

Login/username _____

Password _____ Date set _____

_____ Date set _____

_____ Date set _____

_____ Date set _____

Notes _____

_____

QR

Site name _____

Address _____

Login/username _____

Password _____ Date set _____

_____ Date set _____

_____ Date set _____

_____ Date set _____

Notes _____

_____

Site name _____

Address _____

Login/username _____

Password _____ Date set _____

_____ Date set _____

_____ Date set _____

_____ Date set _____

Notes _____

_____

QR

Site name _____

Address _____

Login/username _____

Password _____ Date set _____

_____ Date set _____

_____ Date set _____

_____ Date set _____

Notes _____

_____

Site name _____

Address _____

Login/username _____

Password _____ Date set _____

_____ Date set _____

_____ Date set _____

_____ Date set _____

Notes _____

_____

QR

Site name _____

Address _____

Login/username _____

Password _____ Date set _____

_____ Date set _____

_____ Date set _____

_____ Date set _____

Notes _____

_____

Site name _____

Address _____

Login/username _____

Password _____ Date set _____

_____ Date set _____

_____ Date set _____

_____ Date set _____

Notes _____
_____

QR

Site name _____

Address _____

Login/username _____

Password _____ Date set _____

_____ Date set _____

_____ Date set _____

_____ Date set _____

Notes _____
_____

Site name _____

Address _____

Login/username _____

Password _____ Date set _____

_____ Date set _____

_____ Date set _____

_____ Date set _____

Notes _____

_____

QR

Site name _____

Address _____

Login/username _____

Password _____ Date set _____

_____ Date set _____

_____ Date set _____

_____ Date set _____

Notes _____

_____

Site name _____

Address _____

Login/username _____

Password _____ Date set _____

_____ Date set _____

_____ Date set _____

_____ Date set _____

Notes _____

_____

QR

Site name _____

Address _____

Login/username _____

Password _____ Date set _____

_____ Date set _____

_____ Date set _____

_____ Date set _____

Notes _____

_____

Site name _____

Address _____

Login/username _____

Password _____ Date set _____

_____ Date set _____

_____ Date set _____

_____ Date set _____

Notes _____

_____

QR

Site name _____

Address _____

Login/username _____

Password _____ Date set _____

_____ Date set _____

_____ Date set _____

_____ Date set _____

Notes _____

_____

Site name _____

Address _____

Login/username _____

Password _____ Date set _____

_____ Date set _____

_____ Date set _____

_____ Date set _____

Notes _____

_____

QR

Site name _____

Address _____

Login/username _____

Password _____ Date set _____

_____ Date set _____

_____ Date set _____

_____ Date set _____

Notes _____

_____

Site name _____

Address _____

Login/username _____

Password _____ Date set _____

_____ Date set _____

_____ Date set _____

_____ Date set _____

Notes _____

_____

QR

Site name _____

Address _____

Login/username _____

Password _____ Date set _____

_____ Date set _____

_____ Date set _____

_____ Date set _____

Notes _____

_____

Site name _____

Address _____

Login/username _____

Password _____ Date set _____

_____ Date set _____

_____ Date set _____

_____ Date set _____

Notes _____
_____

ST

Site name _____

Address _____

Login/username _____

Password _____ Date set _____

_____ Date set _____

_____ Date set _____

_____ Date set _____

Notes _____
_____

Site name _____

Address _____

Login/username _____

Password _____ Date set _____

_____ Date set _____

_____ Date set _____

_____ Date set _____

Notes _____

_____

ST

Site name _____

Address _____

Login/username _____

Password _____ Date set _____

_____ Date set _____

_____ Date set _____

_____ Date set _____

Notes _____

_____

Site name _____

Address _____

Login/username _____

Password _____ Date set _____

_____ Date set _____

_____ Date set _____

_____ Date set _____

Notes _____

_____

ST

Site name _____

Address _____

Login/username _____

Password _____ Date set _____

_____ Date set _____

_____ Date set _____

_____ Date set _____

Notes _____

_____

Site name _____

Address _____

Login/username _____

Password _____ Date set _____

_____ Date set _____

_____ Date set _____

_____ Date set _____

Notes _____

_____

ST

Site name _____

Address _____

Login/username _____

Password _____ Date set _____

_____ Date set _____

_____ Date set _____

_____ Date set _____

Notes _____

_____

Site name _____

Address _____

Login/username _____

Password _____ Date set _____

_____ Date set _____

_____ Date set _____

_____ Date set _____

Notes _____

_____

ST

Site name _____

Address _____

Login/username _____

Password _____ Date set _____

_____ Date set _____

_____ Date set _____

_____ Date set _____

Notes _____

_____

Site name _____

Address _____

Login/username _____

Password _____ Date set _____

_____ Date set _____

_____ Date set _____

_____ Date set _____

Notes _____

_____

ST

Site name _____

Address _____

Login/username _____

Password _____ Date set _____

_____ Date set _____

_____ Date set _____

_____ Date set _____

Notes _____

_____

Site name _____

Address _____

Login/username _____

Password _____ Date set _____

_____ Date set _____

_____ Date set _____

_____ Date set _____

Notes _____

_____

ST

Site name _____

Address _____

Login/username _____

Password _____ Date set _____

_____ Date set _____

_____ Date set _____

_____ Date set _____

Notes _____

_____

Site name _____

Address _____

Login/username _____

Password _____ Date set _____

_____ Date set _____

_____ Date set _____

_____ Date set _____

Notes _____

_____

ST

Site name _____

Address _____

Login/username _____

Password _____ Date set _____

_____ Date set _____

_____ Date set _____

_____ Date set _____

Notes _____

_____

Site name _____

Address _____

Login/username _____

Password _____ Date set _____

_____ Date set _____

_____ Date set _____

_____ Date set _____

Notes _____

_____

ST

Site name _____

Address _____

Login/username _____

Password _____ Date set _____

_____ Date set _____

_____ Date set _____

_____ Date set _____

Notes _____

_____

Site name _____

Address _____

Login/username _____

Password _____ Date set _____

_____ Date set _____

_____ Date set _____

_____ Date set _____

Notes _____

_____

ST

Site name _____

Address _____

Login/username _____

Password _____ Date set _____

_____ Date set _____

_____ Date set _____

_____ Date set _____

Notes _____

_____

Site name _____

Address _____

Login/username _____

Password _____ Date set _____

_____ Date set _____

_____ Date set _____

_____ Date set _____

Notes _____

_____

ST

Site name _____

Address _____

Login/username _____

Password _____ Date set _____

_____ Date set _____

_____ Date set _____

_____ Date set _____

Notes _____

_____

Site name _____

Address _____

Login/username _____

Password _____ Date set _____

_____ Date set _____

_____ Date set _____

_____ Date set _____

Notes _____
_____

ST

Site name _____

Address _____

Login/username _____

Password _____ Date set _____

_____ Date set _____

_____ Date set _____

_____ Date set _____

Notes _____
_____

Site name _____

Address _____

Login/username _____

Password _____ Date set _____

_____ Date set _____

_____ Date set _____

_____ Date set _____

Notes _____

_____

UV

Site name _____

Address _____

Login/username _____

Password _____ Date set _____

_____ Date set _____

_____ Date set _____

_____ Date set _____

Notes _____

_____

Site name _____

Address _____

Login/username _____

Password _____ Date set _____

_____ Date set _____

_____ Date set _____

_____ Date set _____

Notes _____

_____

UV

Site name _____

Address _____

Login/username _____

Password _____ Date set _____

_____ Date set _____

_____ Date set _____

_____ Date set _____

Notes _____

_____

Site name _____

Address _____

Login/username _____

Password _____ Date set _____

_____ Date set _____

_____ Date set _____

_____ Date set _____

Notes _____
_____

UV

Site name _____

Address _____

Login/username _____

Password _____ Date set _____

_____ Date set _____

_____ Date set _____

_____ Date set _____

Notes _____
_____

Site name _____

Address _____

Login/username _____

Password _____ Date set _____

_____ Date set _____

_____ Date set _____

_____ Date set _____

Notes _____

_____

UV

Site name _____

Address _____

Login/username _____

Password _____ Date set _____

_____ Date set _____

_____ Date set _____

_____ Date set _____

Notes _____

_____

Site name _____

Address _____

Login/username _____

Password _____ Date set _____

_____ Date set _____

_____ Date set _____

_____ Date set _____

Notes _____

_____

UV

Site name _____

Address _____

Login/username _____

Password _____ Date set _____

_____ Date set _____

_____ Date set _____

_____ Date set _____

Notes _____

_____

Site name _____

Address _____

Login/username _____

Password _____ Date set _____

_____ Date set _____

_____ Date set _____

_____ Date set _____

Notes _____

_____

UV

Site name _____

Address _____

Login/username _____

Password _____ Date set _____

_____ Date set _____

_____ Date set _____

_____ Date set _____

Notes _____

_____

Site name _____

Address _____

Login/username _____

Password _____ Date set _____

_____ Date set _____

_____ Date set _____

_____ Date set _____

Notes _____

_____

UV

Site name _____

Address _____

Login/username _____

Password _____ Date set _____

_____ Date set _____

_____ Date set _____

_____ Date set _____

Notes _____

_____

Site name _____

Address _____

Login/username _____

Password _____ Date set _____

_____ Date set _____

_____ Date set _____

_____ Date set _____

Notes _____

_____

UV

Site name _____

Address _____

Login/username _____

Password _____ Date set _____

_____ Date set _____

_____ Date set _____

_____ Date set _____

Notes _____

_____

Site name _____

Address _____

Login/username _____

Password _____ Date set _____

_____ Date set _____

_____ Date set _____

_____ Date set _____

Notes _____

_____

UV

Site name _____

Address _____

Login/username _____

Password _____ Date set _____

_____ Date set _____

_____ Date set _____

_____ Date set _____

Notes _____

_____

Site name _____

Address _____

Login/username _____

Password _____ Date set _____

_____ Date set _____

_____ Date set _____

_____ Date set _____

Notes _____

_____

UV

Site name _____

Address _____

Login/username _____

Password _____ Date set _____

_____ Date set _____

_____ Date set _____

_____ Date set _____

Notes _____

_____

Site name _____

Address _____

Login/username _____

Password _____ Date set _____

_____ Date set _____

_____ Date set _____

_____ Date set _____

Notes _____

_____

UV

Site name _____

Address _____

Login/username _____

Password _____ Date set _____

_____ Date set _____

_____ Date set _____

_____ Date set _____

Notes _____

_____

Site name _____

Address _____

Login/username _____

Password _____ Date set _____

_____ Date set _____

_____ Date set _____

_____ Date set _____

Notes _____

_____

UV

Site name _____

Address _____

Login/username _____

Password _____ Date set _____

_____ Date set _____

_____ Date set _____

_____ Date set _____

Notes _____

_____

Site name _____

Address _____

Login/username _____

Password _____ Date set _____

_____ Date set _____

_____ Date set _____

_____ Date set _____

Notes _____

_____

WX

Site name _____

Address _____

Login/username _____

Password _____ Date set _____

_____ Date set _____

_____ Date set _____

_____ Date set _____

Notes _____

_____

Site name _____

Address _____

Login/username _____

Password _____ Date set _____

_____ Date set _____

_____ Date set _____

_____ Date set _____

Notes _____

_____

WX

Site name _____

Address _____

Login/username _____

Password _____ Date set _____

_____ Date set _____

_____ Date set _____

_____ Date set _____

Notes _____

_____

Site name _____

Address _____

Login/username _____

Password _____ Date set _____

_____ Date set _____

_____ Date set _____

_____ Date set _____

Notes _____

_____

WX

Site name _____

Address _____

Login/username _____

Password _____ Date set _____

_____ Date set _____

_____ Date set _____

_____ Date set _____

Notes _____

_____

Site name _____

Address _____

Login/username _____

Password _____ Date set _____

_____ Date set _____

_____ Date set _____

_____ Date set _____

Notes _____

_____

WX

Site name _____

Address _____

Login/username _____

Password _____ Date set _____

_____ Date set _____

_____ Date set _____

_____ Date set _____

Notes _____

_____

Site name _____

Address _____

Login/username _____

Password _____ Date set _____

_____ Date set _____

_____ Date set _____

_____ Date set _____

Notes _____

_____

WX

Site name _____

Address _____

Login/username _____

Password _____ Date set _____

_____ Date set _____

_____ Date set _____

_____ Date set _____

Notes _____

_____

Site name _____

Address _____

Login/username _____

Password _____ Date set _____

_____ Date set _____

_____ Date set _____

_____ Date set _____

Notes _____

_____

WX

Site name _____

Address _____

Login/username _____

Password _____ Date set _____

_____ Date set _____

_____ Date set _____

_____ Date set _____

Notes _____

_____

Site name _____

Address _____

Login/username _____

Password _____ Date set _____

_____ Date set _____

_____ Date set _____

_____ Date set _____

Notes _____

_____

WX

Site name _____

Address _____

Login/username _____

Password _____ Date set _____

_____ Date set _____

_____ Date set _____

_____ Date set _____

Notes _____

_____

Site name _____

Address _____

Login/username _____

Password _____ Date set _____

_____ Date set _____

_____ Date set _____

_____ Date set _____

Notes _____
_____

WX

Site name _____

Address _____

Login/username _____

Password _____ Date set _____

_____ Date set _____

_____ Date set _____

_____ Date set _____

Notes _____
_____

Site name _____

Address _____

Login/username _____

Password _____ Date set _____

_____ Date set _____

_____ Date set _____

_____ Date set _____

Notes _____

_____

WX

Site name _____

Address _____

Login/username _____

Password _____ Date set _____

_____ Date set _____

_____ Date set _____

_____ Date set _____

Notes _____

_____

Site name _____

Address _____

Login/username _____

Password _____ Date set _____

_____ Date set _____

_____ Date set _____

_____ Date set _____

Notes _____

WX

Site name _____

Address _____

Login/username _____

Password _____ Date set _____

_____ Date set _____

_____ Date set _____

_____ Date set _____

Notes _____

Site name _____

Address _____

Login/username _____

Password _____ Date set _____

_____ Date set _____

_____ Date set _____

_____ Date set _____

Notes _____
_____

WX

Site name _____

Address _____

Login/username _____

Password _____ Date set _____

_____ Date set _____

_____ Date set _____

_____ Date set _____

Notes _____
_____

Site name _____

Address _____

Login/username _____

Password _____ Date set _____

_____ Date set _____

_____ Date set _____

_____ Date set _____

Notes _____

_____

WX

Site name _____

Address _____

Login/username _____

Password _____ Date set _____

_____ Date set _____

_____ Date set _____

_____ Date set _____

Notes _____

_____

Site name _____

Address _____

Login/username _____

Password _____ Date set _____

_____ Date set _____

_____ Date set _____

_____ Date set _____

Notes _____
_____

YZ

Site name _____

Address _____

Login/username _____

Password _____ Date set _____

_____ Date set _____

_____ Date set _____

_____ Date set _____

Notes _____
_____

Site name _____

Address _____

Login/username _____

Password _____ Date set _____

_____ Date set _____

_____ Date set _____

_____ Date set _____

Notes _____

_____

YZ

Site name _____

Address _____

Login/username _____

Password _____ Date set _____

_____ Date set _____

_____ Date set _____

_____ Date set _____

Notes _____

_____

Site name _____

Address _____

Login/username _____

Password _____ Date set _____

_____ Date set _____

_____ Date set _____

_____ Date set _____

Notes _____

_____

YZ

Site name _____

Address _____

Login/username _____

Password _____ Date set _____

_____ Date set _____

_____ Date set _____

_____ Date set _____

Notes _____

_____

Site name _____

Address _____

Login/username _____

Password _____ Date set _____

_____ Date set _____

_____ Date set _____

_____ Date set _____

Notes _____

_____

YZ

Site name _____

Address _____

Login/username _____

Password _____ Date set _____

_____ Date set _____

_____ Date set _____

_____ Date set _____

Notes _____

_____

Site name _____

Address _____

Login/username _____

Password _____ Date set _____

_____ Date set _____

_____ Date set _____

_____ Date set _____

Notes _____

_____

YZ

Site name _____

Address _____

Login/username _____

Password _____ Date set _____

_____ Date set _____

_____ Date set _____

_____ Date set _____

Notes _____

_____

Site name _____

Address _____

Login/username _____

Password _____ Date set _____

_____ Date set _____

_____ Date set _____

_____ Date set _____

Notes _____

_____

YZ

Site name _____

Address _____

Login/username _____

Password _____ Date set _____

_____ Date set _____

_____ Date set _____

_____ Date set _____

Notes _____

_____

Site name _____

Address _____

Login/username _____

Password _____ Date set _____

_____ Date set _____

_____ Date set _____

_____ Date set _____

Notes _____

_____

YZ

Site name _____

Address _____

Login/username _____

Password _____ Date set _____

_____ Date set _____

_____ Date set _____

_____ Date set _____

Notes _____

_____

Site name _____

Address _____

Login/username _____

Password _____ Date set _____

_____ Date set _____

_____ Date set _____

_____ Date set _____

Notes _____

_____

YZ

Site name _____

Address _____

Login/username _____

Password _____ Date set _____

_____ Date set _____

_____ Date set _____

_____ Date set _____

Notes _____

_____

Site name _____

Address _____

Login/username _____

Password _____ Date set _____

_____ Date set _____

_____ Date set _____

_____ Date set _____

Notes _____

_____

YZ

Site name _____

Address _____

Login/username _____

Password _____ Date set _____

_____ Date set _____

_____ Date set _____

_____ Date set _____

Notes _____

_____

Site name _____

Address _____

Login/username _____

Password _____ Date set _____

_____ Date set _____

_____ Date set _____

_____ Date set _____

Notes _____

_____

YZ

Site name _____

Address _____

Login/username _____

Password _____ Date set _____

_____ Date set _____

_____ Date set _____

_____ Date set _____

Notes _____

_____